BEI GRIN MACHT SICH IHR WISSEN BEZAHLT

- Wir veröffentlichen Ihre Hausarbeit,
  Bachelor- und Masterarbeit

- Ihr eigenes eBook und Buch -
  weltweit in allen wichtigen Shops

- Verdienen Sie an jedem Verkauf

Jetzt bei www.GRIN.com hochladen und kostenlos publizieren

Bibliografische Information der Deutschen Nationalbibliothek:

Die Deutsche Bibliothek verzeichnet diese Publikation in der Deutschen National-
bibliografie; detaillierte bibliografische Daten sind im Internet über http://dnb.d-
nb.de/ abrufbar.

Impressum:

Copyright © 2015 GRIN Verlag, Open Publishing GmbH
Druck und Bindung: Books on Demand GmbH, Norderstedt Germany
ISBN: 9783668205840

Dieses Buch bei GRIN:

http://www.grin.com/de/e-book/321030/messung-des-unternehmenswertes-wert-
beitrag-von-daten-und-informationen

Strahinja Ivanovic

Messung des Unternehmenswertes. Wertbeitrag von Daten und Informationen

GRIN Verlag

GRIN - Your knowledge has value

Der GRIN Verlag publiziert seit 1998 wissenschaftliche Arbeiten von Studenten, Hochschullehrern und anderen Akademikern als eBook und gedrucktes Buch. Die Verlagswebsite www.grin.com ist die ideale Plattform zur Veröffentlichung von Hausarbeiten, Abschlussarbeiten, wissenschaftlichen Aufsätzen, Dissertationen und Fachbüchern.

Besuchen Sie uns im Internet:

http://www.grin.com/

http://www.facebook.com/grincom

http://www.twitter.com/grin_com

Abstract. Diese Forschungsarbeit gibt Auskunft über die zu berücksichtigenden Gegebenheiten im Umfeld des Daten- und Informationsmanagements, sowie einen Überblick über bestehende Methoden zur Messung des Unternehmenswertes. Zentral geht es um die Sichtung und anschließende Bewertung, ökonomischer Betrachtungsweisen zur quantitativen Erfolgsmessung der Daten und Informationen im Unternehmenskontext. Besonderes Augenmerk richtet sich hierbei auf die Begründung und Messung des Wertbeitrages der Daten und Informationen.

Keywords: Wertbeitrag, Ökonomische Betrachtungsweise, Datenqualität, Informationsqualität

Inhaltsverzeichnis

1   Motivation und Problemstellung

Der Wandel der Wirtschaft von einer industriellen Prägung hin zu einer wissensorientierten Prägung lässt viele betriebswirtschaftliche Theorien hinfällig wirken. Beispielsweise wird in der faktortheoretischen Betriebswirtschaftslehre oftmals die Intensität der eingesetzten Produktionsfaktoren in engem Verhältnis mit dem erwarteten Output betrachtet[1]. Unabhängig von dieser Betrachtungsweise gewinnt die entscheidungsorientierte Betriebswirtschaftslehre in diesem Szenario an Wert[2].

Unternehmen können heutzutage die entscheidenden Wettbewerbsvorteile durch Wissen erlangen, da die Planung und Optimierung der Produktionsfaktoren und deren Kombination immer weiter in den Hintergrund gerät und als selbstverständlich angesehen wird. Ebenso führt dieser Paradigmenwechsel zu einer neuen Verteilung zwischen materiellen und immateriellen Vermögensgegenständen in den einzelnen Unternehmen. Die Schwerpunkte liegen mittlerweile bei den immateriellen Vermögensgegenständen[3]. Hier rückt das Thema Datenmanagement und Datenqualität in den Fokus, da die Unternehmen im digitalen Zeitalter den Großteil ihres Wissens und ihrer Daten, im elektronischen Format festhalten.

Die strategische Relevanz des Datenmanagements ist in der Theorie fest etabliert, jedoch fehlt es in der Praxis noch zum Großteil an der nötigen Akzeptanz. Grund hierfür sind fehlende Methoden zur Erfolgsmessung, da diese die Kosten bzw. Investitionen quantitativ rechtfertigen.

2   Zielsetzung und Aufbau der Arbeit

Die Literaturanalyse befasst sich konkret mit der Beantwortung der folgenden Forschungsfrage: „Nach welchen Gesichtspunkten lassen sich Daten und Informationen nach ökonomischen Gesichtspunkten bewerten? Sprich wie kann durch Daten der Unternehmenswert gesteigert werden?"

Zentraler Gegenstand der Zielsetzung ist die Erforschung und Verknüpfung verschiedener ökonomischer Betrachtungsweisen für Daten und Informationen im Unternehmenskontext. Der Analyse liegen ausschließlich wirtschaftende Unternehmen, mit Fokus auf dem erwerbswirtschaftlichen Prinzip zugrunde, weshalb Non-Profit Organisationen aus dem Forschungsgegenstand auszuschließen sind.

Außerdem ist zu berücksichtigen, dass ein Unternehmen nicht nur ausschließlich Ziele finanzieller Art verfolgt, dennoch sind im Rahmen dieser Analyse ausschließlich diese zu betrachten. Insbesondere soll auf die strategische Rolle der Daten und Informationen in diesem Kontext eingegangen werden, weshalb ausschließlich Literatur gewählt wurde die den Daten und Informationen eine aktive Rolle bei der Wertschöpfung gibt.

Nach der Erläuterung der Problemstellung bzw. der Ausgangslage, werden die in der Literatur vorkommenden, sich teils ergänzenden, Begriffe der Daten und Informationen im Kontext eines Unternehmens erläutert und abgegrenzt. Neben dem bloßen Gegenstand der Daten und Informationen wird im Nachgang auf den Begriff der Daten- und Informationsqualität eingegangen. Daraufhin erfolgt eine Erklärung des Begriffs „immaterieller Vermögensgegenstand", sowie eine Auflistung der ökonomischen Bewertungsmethoden. Danach werden eine formale Beschreibung der Vorgehensweise bei der Literaturanalyse, sowie die daraus resultierenden Ergebnisse kenntlich gemacht.

Die Ergebnisse gliedern sich in drei Teile. Zunächst soll das Wertverständnis der Daten und Informationen etabliert werden, worauf dann eine ökonomische Bewertung erfolgt. Die ökonomische Bewertung selbst, gliedert sich wiederrum in zwei Teile. Zunächst erfolgt die Bewertung der Daten, unter Zuhilfenahme etablierter Methoden zur Wertbemessung immaterieller Vermögensgegenstände. Darauf folgt eine ökonomische Betrachtung der Daten und Informationen unter der Berücksichtigung der Messmethoden des Unternehmenswerts. Zuletzt werden ein abschließendes Resümee der Analyse, sowie ein weiteres Forschungsszenario aufgezeigt.

3 Grundlagen

Sowohl in der Theorie als auch in der Praxis herrscht eine Vielzahl von unterschiedlichen Definitionen und Verständnissen für die Begrifflichkeiten „*Daten*" und „*Informationen*". Es folgt eine Einordnung der Begriffe in den Forschungskontext.

3.1 Daten, Informationen und Wissen

1. Daten, Informationen und Wissen sind vieldiskutierte Begriffe, was sich auch wiederrum in der Literatur widerspiegelt.

Im Rahmen der Analyse wird die Wissenstreppe nach North[4] als Grundlage herangezogen, da dieses Verständnis bereits auf das Verhalten der Daten und Informationen im Unternehmen abzielt, und somit in diesem Forschungskontext besser geeignet ist als die verallgemeinerten Modelle, wie beispielsweise die Begriffshierarchie nach Rehäuser und Krcmar[5].

Fig. 1. Wissenstreppe nach North

Dieses Modell ist insbesondere aufgrund der Erweiterung um die Schritte „Handeln" und „Kompetenzen" interessanter als die oben aufgeführten „klassischen" Modelle. Es zeigt auf, dass Daten und Informationen in einem konkreten Kontext stehen müssen, um Wissen zu erzeugen. Das Wissen wiederrum muss mit einer gewissen Motivation oder Anwendung verknüpft werden, damit konkrete Handlungen ausgeführt werden. Der tatsächliche Wert des Wissens wird für ein Unternehmen nur durch das Manifestieren von Kompetenzen offenbart und führt so zu einem Wettbewerbsvorteil[6].

3.2 Datenqualität und Informationsqualität

Datenqualität ist als mehrdimensionales Konstrukt zu sehen. Das am Meisten etablierte Verständnis für die Dimensionen der Datenqualität, ist die Einteilung der Datenqualitätsdimensionen in vier Kategorien nach Richard Y. Wang und Diane M. Strong[7], insbesondere aufgrund der kontextabhängigen Beschreibung des „Data Consumers"

3.3 Kosten schlechter Datenqualität und Informationsqualität

Der negative Business Impact von schlechter Daten- und Informationsqualität wurde in der Literatur bereits einige Male thematisiert. Es folgt ein kurzer Vergleich der drei bekanntesten und renommiertesten Sichtweisen.

Ein Ansatz ist die prinzipielle Unterteilung der Kosten in 3 Kostenarten nach Englisch[8]:

- Process failure Costs
- Information scrap and rework costs
- Opportunity costs

Ein weiterer Ansatz ist der Klassifizierung der Kosten je Hierarchieebene nach Tom Redman[9]:

- Operational impacts
- Tactical impacts
- Strategic impacts

Die beiden eben genannten Ansätze sind generisch und somit ziemlich allgemein gehalten. Dadurch wird eine Quantifizierung der Kosten schlechter Datenqualität nicht erleichtert, sondern lediglich kategorisiert und somit vom Forschungsgegenstand ausgeschlossen.

Vielmehr wird im Rahmen der Analyse der Ansatz nach David Loshin[10] aufgegriffen. Der Ansatz verfolgt eine Kategorisierung der Kosten und somit eine Unterteilung in *„Financial Costs"*, *„Confidence and Satisfaction"*, *„Productivity"* und *„Risk and Compliance"*. Insbesondere werden hier noch weitere Unterkategorien gebildet welche die Quantifizierung vereinfachen.

3.4 Immaterielle Vermögensgegenstände

Zunächst werden die Charakteristiken immaterieller Vermögensgegenstände definiert. Im Anschluss werden dann die einzelnen Bewertungsmöglichkeiten vorgestellt. Damit ein Vermögensgegenstand als Immaterieller Vermögensgegenstand im engeren Sinne klassifiziert wird, muss er folgende Eigenschaften erfüllen:[11]

- **Identifizierbarkeit**: Ein Immaterieller Vermögensgegenstand muss separiert werden können, um vom Unternehmen losgelöst betrachtet werden zu können, beispielsweise durch einen Verkauf.

- **Beherrschung**: Sobald ein Unternehmen die Möglichkeit hat, einen Vermögensgegenstand von Dritten auszuschließen, beziehungsweise den Zugriff zu verweigern, spricht man von Beherrschbarkeit

- **Künftiger wirtschaftlicher Nutzen**: Durch die Nutzung des Immateriellen Vermögensgegenstandes können erhöhte Erlöse oder Kosteneinsparungen realisiert werden.

Nachdem nun die Charakteristiken immaterieller Vermögensgegenstände aufgezählt und definiert wurden, erfolgt nun eine Nennung und Erläuterung der Wertbemessungsmethoden[12]:

- **Cost Approach**: Dieser Bewertungsansatz bezieht sich hauptsächlich auf die Reproduktionskosten des immateriellen Vermögensgegenstands sowie dessen Wiederbeschaffungskosten.

- **Market Approach**: Im Rahmen dieses Ansatzes wird der Wert des Vermögensgegenstands aus den am Markt gängigen Preisen ermittelt bzw. abgeleitet

- **Income Approach**: Dieser Bewertungsansatz bemisst sich nach dem geschätzten Wert der Nutzung. Insbesondere wird hier noch ein Diskontierungssatz berechnet, zum Ausgleich eventueller Risiken.

3.5 Messbarkeit des Unternehmenswerts

Zunächst erfolgt eine Erläuterung diverser ökonomischer Gesichtspunkte insbesondere unter Rücksichtnahme des Unternehmenskontexts.

Prinzipiell werden die nach Hans Jung definierten Formalziele einer Unternehmung herangezogen:[13]

- **Produktivität**: Ein Unternehmen wirtschaftet, sobald es im betriebswirtschaftlichen Sinne knappe Güter planmäßig einsetzt[14]. Insbesondere wird hierbei das mengenmäßige Verhältnis des Outputs zum Input ermittelt.

- **Wirtschaftlichkeit**: Die Wirtschaftlichkeit bemisst sich aus dem Verhältnis des Aufwands und des daraus resultierenden Ertrags, und ist somit, aufgrund der fehlenden Ursache-Wirkung Beziehung, vom Forschungsgegenstand ausgeschlossen.

- **Rentabilität**: Gleiches gilt auch für die Rentabilität einer Unternehmung.

Nachdem die Formalziele einer Unternehmung erläutert und dementsprechend abgegrenzt wurden, erfolgt nun eine kurze Erläuterung der verschiedenen Methoden zur Messung des Unternehmenswertes.

Im Rahmen dieser Literaturanalyse unterscheidet man zwischen folgenden Bemessungsmethoden[15]:

- Buchhalterische Spread-Maße
  - Early Spread
  - Roll Spread
- Cash-Flow bezogene Übergewinn-Ansätze
  - Economic Value Added (EVA)
  - Cash Value Added (CVA)

Eine ausführliche Beschreibung und Einordnung in den Forschungsrahmen erfolgt unter dem Punkt 5.2 „Ökonomische Bewertung".

4 Methodik der Literaturanalyse

Um die Literaturanalyse zu systematisieren wurde das von Fettke[16] vorgeschlagene Vorgehensmodell adaptiert. Primär wurden die Quellen aus folgenden Literaturdatenbanken entnommen:

- Association for Computing Machinery (ACM)
- Springerlink
- Institute of Electrical and Electronics Engineers (IEEE)
- ScienceDirect

Nachdem die Problemstellung und die Ausgangslage definiert und abgegrenzt wurden, wurde die systematische Suche der Literatur begonnen. Bei der Auswahl der Suchbegriffe wurden zunächst Cluster gebildet, um die Suchbegriffe bezüglich ihrer Zugehörigkeit zu klassifizieren. Dem Themengebiet zugrundeliegend wurden gängige Suchbegriffe sowohl aus dem IT-Umfeld als auch aus dem betriebswirtschaftlichen Umfeld verwendet. Ausgangspunkt war eine Liste mit etwa 10 Suchbegriffen pro Themengebiet. Die Anzahl der Begrifflichkeiten wurden im weiteren Verlauf der Suche iterativ erweitert um eine breitere Abdeckung und tiefergehende Suche zu ermöglichen. Eine detaillierte Auflistung der Suchbegriffe wurde dem Anhang beigefügt.

Die Suchbegriffe wurden aus den Clustern gebildet und zu „Long Tail Keywords" zusammengeführt, um die Suchabfragen möglichst zu präzisieren. Die Suchbegriffe wurden stets additiv und zweisprachig verwendet (deutsch und englisch), je nach zugrundeliegender Datenbank.

Zwecks additiver Suchterme musste die syntaxbasierte Suche den Gegebenheiten der englischen Sprache gerecht werden.

Beispielsweise wurde berücksichtigt, dass der deutsche Begriff *Datenmanagement* im englischen als *Data Management* übersetzt wird, und somit alle Suchergebnisse der beiden Begriffe *Data* und *Management* ausgeben würde und nicht etwa die des zusammengesetzten Suchterms.

Um dies zu vermeiden wurde mit „" gesucht. Ebenso wurde die Reihenfolge der Suchterme geändert, beispielsweise wurde anstatt „Data Management" auch nach „Management of Data" gesucht. Außerdem wurden die Suchabfragen unter der Verwendung eines Asterisken(*) durchgeführt, um beispielsweise „add" und „adding" mit einer Abfrage abzudecken.

Prinzipiell wurden E-Books für Grundlagen und Begriffe verwendet, während Paper, aufgrund der Aktualität, vorwiegend für den tatsächlichen Inhalt der Literaturanalyse herangezogen wurden.

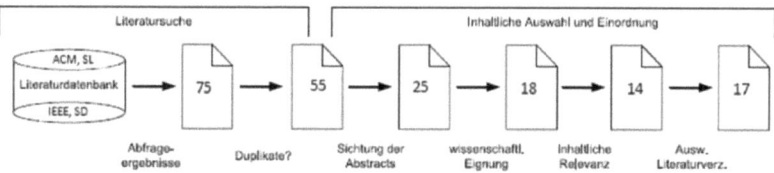

Fig. 2. Vorgehen bei der Literaturauswahl, in Anlehnung an Gräning[17]

Die ausgewählte Essenz der Suchabfragen aus den Datenbanken belief sich auf 75 Treffer. Im nächsten Schritt wurden die vorliegenden Quellen einer Duplikatsprüfung unterzogen, wobei 20 Quellen ausgemustert wurden. Die verbliebenen 55 Quellen wurden dann hinsichtlich der Abstracts geprüft, sofern dies nicht schon während der Suche erfolgte. Nach diesem Schritt blieben 25 Quellen übrig. Diese wurden dann hinsichtlich Ihrer wissenschaftlichen Eignung überprüft, wobei in diesem Schritt lediglich 7 Quellen aussortiert wurden. Im letzten Schritt wurde die Referenzliteratur der Quellen verwendet, und somit die Gesamtanzahl von 17 erreicht.

Um das Ziel der Seminararbeit besser zu verdeutlichen wurde eine taxonomische Einordnung nach Fettke durchgeführt [18]

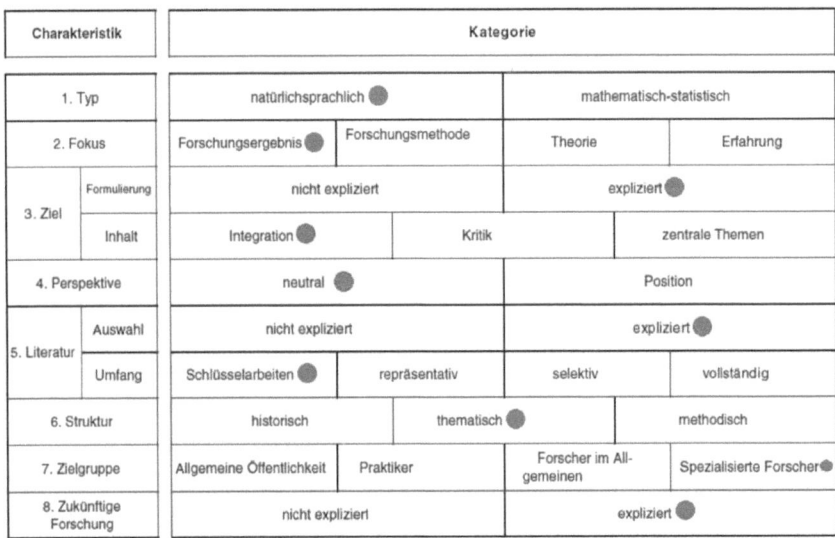

Charakteristik		Kategorie			
1. Typ		natürlichsprachlich ●		mathematisch-statistisch	
2. Fokus		Forschungsergebnis ●	Forschungsmethode	Theorie	Erfahrung
3. Ziel	Formulierung	nicht expliziert		expliziert ●	
	Inhalt	Integration ●	Kritik	zentrale Themen	
4. Perspektive		neutral ●		Position	
5. Literatur	Auswahl	nicht expliziert		expliziert ●	
	Umfang	Schlüsselarbeiten ●	repräsentativ	selektiv	vollständig
6. Struktur		historisch	thematisch ●	methodisch	
7. Zielgruppe		Allgemeine Öffentlichkeit	Praktiker	Forscher im Allgemeinen	Spezialisierte Forscher ●
8. Zukünftige Forschung		nicht expliziert		expliziert ●	

Fig. 3. Taxonomische Einordnung der Literaturanalyse nach Fettke

5 Ergebnis der Literaturanalyse

5.1 Wertbeitrag der Daten und Informationen

Nach Moody und Walsh sind Informationen grundsätzlich als Asset zu betrachten[19]. Deren Theorie besagt, dass ein Asset durch 2 Möglichkeiten einen Wertbeitrag leistet. Entweder wird das Asset *verwendet* und generiert einen Mehrwert, oder es wird *verkauft* und erzielt somit Erlöse. Bei Informationen wird der Wertbeitrag hauptsächlich durch die Benutzung generiert, wobei die Daten als „Rohmaterial" für die Herstellung des Produktes „Informationen" zu sehen sind.

Nach diesem Paradigma können Informationen nach 2 Möglichkeiten hinsichtlich ihres Wertes bemessen werden. Einerseits wird der „*Markt Value*" genannt, welcher in diesem Kontext als Wert zu nennen ist, den eine Dritte Partei bereit wäre zu bezahlen.

Andererseits wird ein „*Utility Value*" genannt, welcher für den erwarteten Wert der Informationsverwendung steht[20]. Beide Ansätze haben eine Betrachtung verdient, jedoch ist der „*Utility Value*" der Angemessene Ansatz, da er für alle Informationen anwendbar ist, während der „*Markt Value*" beispielsweise für geschäftskritische Daten undenkbar wäre.

10

Außerdem entfalten Informationen erst nach dem Kauf oder Verkauf ihren eigentlichen Mehrwert. Obschon eine einfachere Ermittlung des *„Markt Value"* ein Argument für die Betrachtung wäre, wird er im Rahmen dieser Seminararbeit nicht weiter berücksichtigt, da der Verkauf von Daten nicht das Kerngeschäft der zu betrachtenden Unternehmungen ist.

Ob eine Information einen Mehrwert generiert oder nicht, ist abhängig vom individuellen Kontext. Die beiden Größen „Mehrwert der Information" und „Anwendungsszenario" stehen also in einer Wechselwirkung. Unterschiedliche Datensätze können in einem Anwendungsszenario zu unterschiedlichem Mehrwert führen, ebenso können die gleichen Datensätze in unterschiedlichen Szenarien zu unterschiedlichem Mehrwert führen[21].

Ebenso lässt sich an dieser Stelle Krcmar zitieren:

„Durch die Verwendung von Informationen wird der Wert der Information festgelegt. Im Rahmen dieser kontextspezifischen und zeitlichen Verwendung kann durch das Hinzufügen, Weglassen, Konkretisieren, Selektieren und Aggregieren der Wert der Informationen verändert werden"[22]

Wie aus diesem Zitat zu entnehmen ist, fasst Krcmar die Sichtweise auf, dass Informationen keinen absoluten Wert haben und stets situationsbedingt zu betrachten sind.

5.2 Bewertung nach immateriellen Vermögensgegenständen

In diesem Abschnitt soll die Eignung der oben genannten Bewertungsmethoden nach immateriellen Vermögensgegenständen für Daten und Informationen kritisch reflektiert werden. Jedoch wird zunächst der Gegenstand der Daten und Informationen anhand der oben genannten Charakteristiken geprüft und eingeordnet.

Aus der Literatur ist zu entnehmen, dass immaterielle Vermögensgegenstände prinzipiell in 3 Arten unterschieden werden[23]:

- Humankaptial
- Informationstechnik und Wissen
- Organisation und Prozesse

Wie in dieser Auflistung zu sehen ist werden Daten und Informationen unter dem Punkt „Informationstechnik und Wissen" impliziert. Dennoch erfolgt nun eine kritische Argumentation bezüglich der oben genannten Charakteristiken:

- **Identifizierbarkeit**: Daten und Informationen sind im Sinne der Identifizierbarkeit als eindeutig zu sehen. Daten weisen mittels einer ID, und Informationen mittels des Interpretationskontextes, Alleinstellungsmerkmale auf, und sind werden somit der Anforderung hinsichtlich der Identifizierbarkeit gerecht.

- **Beherrschung**: Die Anforderungen an die Beherrschbarkeit erfüllen die Daten und Informationen mittels der Möglichkeit der Verschlüsselung oder einer technischen Zugriffskontrolle.

- **Künftiger wirtschaftlicher Nutzen**: Wie oben bereits erwähnt, liegt das Hauptaugenmerk der Informationen auf dem künftig erwarteten Nutzen. Ebenso umschließen die Datenqualitätsdimensionen nach Wang und Strong[24] eine Dimension des zukünftigen Nutzens.

Nachdem nun Daten und Informationen in den Rahmen der immateriellen Vermögensgegenstände einzuordnen sind, erfolgt nun eine Überprüfung der Bewertungsmethoden:

- **Cost Approach**: Dieser Bewertungsansatz ist für Daten und Informationen sichtbar ungeeignet, da Informationen den Großteil der Kosten bei der Entstehung verursachen, während die Reproduktions- und Wiederbeschaffungskosten unverhältnismäßig gering zu den Erstellungskosten stehen.[25]

- **Market Approach**: Dieser Ansatz zeigt gewisse Analogien zum „Market Value" auf und ist somit vom Forschungsgegenstand auszuschließen.

- **Income Approach**: Dieser Bewertungsansatz ist für Daten und Informationen am geeignetsten, da er das Grundprinzip des erwarteten Nutzens verinnerlicht. Diese Bemessungsmethode fasst die Vermeidung schlechter Daten- und Informationsqualität als wirtschaftlichen Nutzen auf, und würde somit zu einem Wertbeitrag, resultierend aus den Daten und Informationen, führen. Ein weiterer Werthebel kristallisiert sich aus dem Diskontierungssatz, welcher nach dem Risiko bemessen wird. Eine hohe Daten- und Informationsqualität würde bekannter Weise zu einer Reduktion des Risikos führen, und somit zwangsläufig auch zu einer Reduzierung des Diskontierungssatzes.

5.3   Bewertung nach Unternehmensbewertungsansätzen

In diesem Abschnitt sollen die, in der Wirtschaft etablierten, Methoden zur Unternehmenswertbemessung im Kontext der Daten und Informationen diskutiert werden. Die verschiedenen Methoden zur Messung des Unternehmenswertes lassen sich nach Thomas Günther wie folgt klassifizieren[26]:

Buchhalterische Spread- Maße: Diese zielen auf die buchhalterischen Gewinngrößen ab, und würden sich zur Bewertung der Daten und Informationen nur bedingt eignen. Daten und Informationen sind, wie bereits erwähnt, als immaterielle Vermögensgegenstände zu sehen, jedoch lässt sich der tatsächliche, buchhalterische Wert nicht ermitteln.

Cash Flow- bezogene Übergewinn-Ansätze: Hier lässt sich der EVA-Ansatz prinzipiell in Betracht ziehen. Hauptsächlich befasst sich dieser Ansatz mit der Ermittlung des Residualgewinns, wobei die Kapitalkosten an das Risiko des Unternehmens bzw. der Geschäftseinheit angepasst werden.[27] Daten und Informationen lassen sich hier unterordnen, da durch eine hohe Datenqualität und eine hohe Informationsqualität durch gezieltere Entscheidungen das Risiko minimiert wird. Somit werden bei dieser Methode auch die angesetzten Kapitalkosten minimiert, weshalb der Wertbeitrag höher anzusehen ist.

Der EVA lässt sich berechnen, indem man dem operativen Cash Flow den gewichteten durchschnittlichen Kapitalkostensatz (WACC) abzieht und mit im Nachgang mit dem tatsächlichen Investment multipliziert. Der operative Cash Flow bezieht sich auf den Cash Flow, bei dem die Steuern bereits abgezogen wurden, ohne die Berücksichtigung der Zinsen[28].

Auch hier spielen Daten und Informationen eine Rolle, da nach David Loshin die Kosten schlechter Datenqualität auch in finanzielle Kosten speziell bei der Minimierung des Cash Flows einfließen[29]. Dadurch erhalten Daten und Informationen einen direkten Einfluss auf den Unternehmenswert.

Der CVA-Ansatz hingegen, bestimmt sich aus dem Cash Flow Return on Investment (CFROI) abzüglich des gewichteten durchschnittlichen Kapitalkostensatz(WACC). Dieses Ergebnis wird anschließend mit dem investierten Kapital multipliziert[30].

Der CFROI ermittelt sich hier aus der Differenz des Brutto-Cash Flows (kurz BCF) und der ökonomischen Abschreibungen. Diese Differenz wird anschließend durch dieinvestierten Kapitalkosten dividiert. Die ökonomischen Abschreibungen ergeben sich aus der Division des investierten Kapitals und des Endwertfaktors. Der CVA stellt ein Periodenergebnis dar und muss deshalb mit einer anderen Periode verglichen werden[31]. Oftmals wird dies mit Vergangenheitswerten realisiert, da prognostizierte Werte in der Kritik stehen und vielmals diskutiert werden

6   Fazit und Ausblick

Daten sind den Informationen von der Werthaltigkeit unterstellt und sind nur mit einem gewissen Management und einer gut organisierten Informationslogistik erfolgsversprechend für ein Unternehmen.

In der Literatur wurden einige Modelle zur Bewertung der Daten gefunden, jedoch stets im qualitativen Sinne. Daraufhin wurde eine Analyse der klassischen Performance-Indikatoren einer Unternehmung gestartet, mit dem Ziel der Überprüfung hinsichtlich der Anwendbarkeit der klassischen Messmethoden der Betriebswirtschaftslehre auf Daten und Informationen. Es hat sich herausgestellt, dass sich sowohl der EVA und der CVA als auch der Income Approach als Wertmodell eignet um den Wertbeitrag der Daten auf Unternehmensebene zu ermitteln.

Wie sich herausgestellt hat wurde in dieser Literaturanalyse lediglich der Wertbeitrag bei der Benutzung der Daten verfolgt. Als weitere Forschungsfrage wäre hier die Erforschung des Wertbeitrages hinsichtlich des Weiterverkaufs der Daten und Informationen möglich (*Market Value*).

7   References

1. Thommen, J.: Faktortheoretischer Ansatz, http://wirtschaftslexikon.gabler.de/Definition/faktortheoretischer-ansatz.html, abgerufen am 11.06.2015

2. Thommen, J.: Entscheidungsorientierte Betriebswirtschaftslehre, http://wirtschaftslexikon.gabler.de/Definition/entscheidungsorientierte-betriebswirtschaftslehre.html, abgerufen am 11.06.2015

3. Brunke, D.: Immaterielle Vermögenswerte und weiche Erfolgsfaktoren als Werttreiber der Unternehmensentwicklung, in: Zimmermann, A.(Hrsg.): Praxisorientierte Unternehmensplanung mit harten und weichen Daten, Heidelberg 2010, S. 61

4. North, K.: Wissensorientierte Unternehmensführung: Wertschöpfung durch Wissen, 4.Auflage , Wiesbaden, 2005, S.32

5. Rehäuser J., Krcmar H.: Wissensmanagement im Unternehmen, Hohenheim, 1996, S.3

6. North, K.: Wissensorientierte Unternehmensführung: Wertschöpfung durch Wissen, 4.Auflage , Wiesbaden, 2005, S.34

7. Wang, R., Strong, D.: Beyond Accuracy: What Data Quality Means to Data Consumers, 1996, S.16

8. English, L.P.: Improving Data Warehouse and Business Information Quality: Methods for Reducing Costs and Increasing Profits, New York, 1999

9. Redman, T. C.: The Impact of Poor Data Quality on the Typical Enterprise. Communications of the ACM, 41(2), S.79-82

10. Loshin, D.: The Practitioner's Guide to Data Quality Improvement, San Francisco, 2010, S.11

11. Creutzmann, A.: Der Wert von immateriellen Vermögensgegenständen zur Steuerung von Unternehmen, in: Controlling & Management, Ausgabe 3, 2005

12. Creutzmann, A.: Der Wert von immateriellen Vermögensgegenständen zur Steuerung von Unternehmen, in: Controlling & Management, Ausgabe 3, 2005

13. Jung, H.: Allgemeine Betriebswirtschaftslehre, 12.Auflage, München, 2010, S.29

14. Jung, H.: Allgemeine Betriebswirtschaftslehre, 12. Auflage, München, 2010, S.4

15. Günther, T.: Wertorientierte Kennzahlen zur Steuerung mittelständischer Unternehmen, in: Krp, Ausgabe 1, 2002

16. Fettke, P.: Untersuchung der Forschungsmethode „Review" innerhalb der Wirtschaftsinformatik, in: Wirtschaftsinformatik, Ausgabe 4, 2006

17. Gräning, A.: Status Quo und Potenziale der eXtensible Business Reporting Language für die Wirtschaftsinformatik, in: Wirtschaftsinformatik 53, Ausgabe 4

18. Fettke, P.: Untersuchung der Forschungsmethode „Review" innerhalb der Wirtschaftsinformatik, in: Wirtschaftsinformatik, Ausgabe 4, 2006

19. Moody, D., Walsh, P.: Measuring the Value of Information: An Asset Valuation Approach, in: European Conference on Information Systems, Kopenhagen, 1999

20. Moody, D., Walsh, P.: Measuring the Value of Information: An Asset Value Approach, in: European Conference on Information Systems, Kopenhagen, 1999

21. Even, A., Shankaranarayana, G.: Utility-Driven Assessment of Data Quality, in: The DATA BASE for Advances in Information Systems, Ausgabe 2, 2007

22. Krcmar, H.: Informationsmanagement, 4.Auflage, Heidelberg, 2005, S.90

23. Brunke, D.: Immaterielle Vermögenswerte und weiche Erfolgsfaktoren als Werttreiber der Unternehmensentwicklung, in: Zimmermann, A. (Hrsg,): Praxisorientierte Unternehmensplanung mit harten und weichen Daten, Heidelberg, 2010

24. Wang, R., Strong, D.: Beyond Accuracy: What Data Quality Means to Data Consumers, 1996

25. Krcmar, H.: Informationsmanagement, 4.Auflage, Heidelberg, 2005, S.18

26. Günther, T.: Wertorientierte Kennzahlen zur Steuerung mittelständischer Unternehmen, in: Krp, Ausgabe 1, 2002

27. Günther, T.: Wertorientierte Kennzahlen zur Steuerung mittelständischer Unternehmen, in: Krp, Ausgabe 1, 2002

28. Günther, T.: Wertorientierte Kennzahlen zur Steuerung mittelständischer Unternehmen, in: Krp, Ausgabe 1, 2002

29. Loshin, D.: The practitioner's Guide to Data Quality Improvement, San Francisco, 2010

30. Günther, T.: Wertorientierte Kennzahlen zur Steuerung mittelständischer Unternehmen, in: Krp, Ausgabe 1, 2002

31. Günther, T.: Wertorientierte Kennzahlen zur Steuerung mittelständischer Unternehmen, in: Krp, Ausgabe 1, 2002